AF248272

LA JOURNÉE D'UN MARQUIS

ET

LA JOURNÉE D'UN PROLÉTAIRE

PAR

Robert DUTERTRE.

Prix : 60 Cent.

CHEZ TOUS LES LIBRAIRES

LA JOURNÉE D'UN MARQUIS

et

LA JOURNÉE D'UN PROLÉTAIRE

LA JOURNÉE D'UN MARQUIS

ET

LA JOURNÉE D'UN PROLÉTAIRE

CHEZ TOUS LES LIBRAIRES

LA JOURNÉE D'UN MARQUIS

Transportons-nous au château de la Floridondaine chez le marquis de la Ripaudière.

Ce château a conservé quelque chose encore de son primitif cachet féodal; les douves qui l'entourent sont depuis longtemps taries, et les chaînes de ses ponts-levis, rongées par la rouille, ont disparu depuis plusieurs siècles; mais les tourelles ont toujours leurs meurtrières béantes, et, dans le préau, deux lions en granit, grossièrement ébauchés, sont encore-là, éternels gardiens de la porte enlierrée.

Le marquis ressemble à beaucoup d'autres; il n'est ni très spirituel ni très bête. Seulement il est complétement dépourvu d'instruction, attendu que l'illustration de sa naissance ne permettait pas qu'il fût mêlé à de petits plébéiens dans un lycée. Il fut donc élevé sur les genoux de l'ignorance par un précepteur *ad hoc,* obligé de condescendre à toutes ses volontés.

Nous le surprenons alors qu'il s'apprête à sortir du lit, au moment où il vient de sonner son valet de chambre.

Jasmin entre et présente une à une chaque pièce de vêtement, aidant par-ci, par-là, à surmonter les grandes difficultés que présentent les entournures et à passer les manches à M. le Marquis.

Quoi de nouveau aujourd'hui, dit le maître à son valet?

JASMIN. — Triste nouvelle, Monsieur le Marquis, la belle jument alezan-clair de Monsieur, l'incomparable *Zéphyrette,* est aux dernières extrémités depuis que le vétérinaire lui a fait une saignée et passé un séton.

LE MARQUIS. — Je vais descendre à l'écurie. Pauvre bête, cavale aérienne qui justifiait si bien son nom !

As-tu encore, Jasmin, autre chose à m'annoncer?

JASMIN. — Oui, Monsieur le Marquis, Jérôme Bussonnais, de la Grande-Javelière, est venu pour annoncer à Monsieur que l'ouragan d'hier a emporté tout d'une pièce une partie de la toiture de la ferme, et maintenant qu'il est à découvert, le pignon lui-même paraît un peu ébranlé.

LE MARQUIS. — Toujours des dégâts, toujours des malheurs. J'aurais la fortune de Crésus qu'elle ne suffirait pas. Je tâcherai dans la journée d'aller voir ce *désastre*, cette nouvelle catastrophe qui s'abat sur moi.

Les ouvriers maçons sont-ils arrivés et sont-ils au travail?

JASMIN. — Oui, Monsieur le Marquis; ils continuent la reconstruction du grand mur écroulé à l'entrée du parc.

LE MARQUIS. — C'est bien, je descends. Je dois ma première visite à ma pauvre Zéphyrette.

M. le marquis de la Ripaudière descend donc à la cour par le grand escalier semi-circulaire, disloqué par l'herbe qui pousse aux interstices, mais dont les *nobles* dalles de granit ont eu l'honneur insigne de voir passer sur elles plusieurs générations de nobles marquis.

Il entre à l'écurie et trouve là Zéphyrette, l'œil atone, la tête pendante, les membres rigides comme dans un cas de tétanos. Elle ne reconnaît plus la voix de son maître, la pauvre bête, elle qui redressait sa tête si fière et remuait si gracieusement sa croupe, lorsqu'il la flattait de la main en lui touchant le chanfrein ou l'encolure. Le marquis détourne la tête et se hâte de se soustraire à un spectacle qui est pour lui plein d'amertume.

Il prend l'allée du parc et se dirige du côté des ouvriers qui construisent le nouveau mur. Arrivé à cent pas d'eux, il croit ne pas avoir été aperçu, cependant il se trompe. Un gavroche porte-mortier, perché au haut de l'échafaudage comme un oiseau silleur au bout d'une branche, entonne tout-à-coup

de sa voix de fifre, perçante et criarde, le couplet
suivant :

> Il était un grand seigneur
> D'un bizarre caractère ;
> Il aimait voir la sueur
> De l'ouvrier prolétaire,
> En ruisselant jusqu'à terre, (*bis*)
> Faire couler un ruisseau
> Où noyer un jeune agneau. (*bis*)

Est-ce pour moi qu'il dit cela, ce jeune drôle,
pensa le marquis, mais non, il ne savait pas mon
arrivée, il ne peut m'avoir vu, il chante sans malice
une de ces chansons que l'on fabrique dans les ate-
liers du socialisme et qui n'ont ni rime ni raison.

Bonjour, mes amis, dit-il aux ouvriers. Ceux-ci
se découvrent tous, et le gavroche lui-même ôte son
torchis de foin et son bonnet de laine.

Le marquis jette un coup-d'œil au mur. Il me
semble, dit-il aux ouvriers, que le plan de la maçon-
nerie se profile mal ; cela fait un peu l'effet d'une
aile de moulin à vent.

Monsieur le Marquis, dit l'un des ouvriers, cela
vous paraît ainsi, c'est l'effet du faux-jour, bien sûr,
car nous avons suivi le cordeau, nous avons jeté le
fil à plomb, et lorsque l'échafaudage sera enlevé
vous verrez que l'ouvrage se dégauchit bien. Cela
voulait dire : quand nous serons partis vous verrez
tout ce que vous voudrez, cela nous est bien égal.

Notre marquis tourna les talons et s'éloigna dans
la direction du jardin, mais à peine eût-il fait quel-

ques pas que le jeune manœuvre réapparut au bout d'une échelle, son plat de mortier sur la tête et d'une voix d'un diapason encore plus élevé et plus aigre, il continua ainsi sa chanson :

> Cet illustre châtelain
> Avec son habit vert-pomme
> A plutôt l'air d'un serin
> Que l'apparence d'un homme,
> C'est pour cela qu'on le nomme (*bis*)
> Le plus beau des canaris
> Connu parmi les marquis. (*bis*)

Décidément, ce petit polisson s'adresserait-il à moi, murmura le marquis; mais c'est impossible, mon habit est vert, c'est vrai, mais non pas vert-pomme, il est vert-chambord et pas autre chose. D'ailleurs, c'est une chanson qui n'est pas faite d'aujourd'hui et ce jeune garnement ne connaissait pas la couleur de mon habit. Allons! je suis fou de faire attention à de pareilles sottises.

Cependant M. de la Ripaudière hâta le pas vers une allée qui devait le conduire à une petite pièce d'eau empoissonnée, située au bas du jardin. Car c'est une de ses habitudes favorites, une de ces occupations journalières les plus délectables que de porter chaque matin aux carpes de son vivier une provision de mie de pain qu'il a emmagasinée dans sa poche en passant à la cuisine du château. Ses carpes le connaissent, il connaît ses carpes et ils s'entendent sans doute parfaitement dans un langage muet qui n'en est que plus éloquent. Lorsqu'il arrive toute la gent aquatique vient à la surface et fait des sauts de joie ; c'est bien là le meilleur passe-temps de sa journée ; son cœur se dilate à l'aise en face de ses poissons qu'il nourrit et dont il ne mange jamais.

Mais, ô vanité des plus doux rêves ! ô éternel simoun des réalités qui secoue et brise nos illusions en fleur et les disperse comme des feuilles mortes.

Voilà que tout-à-coup, au détour d'une allée contournant un massif de rhododendrons rares, un valet de pied, tout essoufflé, apparaît aux yeux du marquis.

De la part de Madame la Marquise, dit-il, je viens annoncer à Monsieur que le déjeûner est servi.

Pourquoi l'avoir avancé d'une demi-heure, riposte M. de la Ripaudière, visiblement contrarié de laisser-là ses carpes et de manquer ainsi à une sorte de convention tacite, de part et d'autre acceptée, et qu'il accomplit aussi religieusement que si elle était un devoir sacré. C'est bien alors que l'on va pouvoir dire avec vérité que ces pauvres carpes vont être réduites à bailler au soleil.

Madame la Marquise, dit le valet, va sans doute partir pour la ville après le déjeûner, car elle a commandé son cocher.

L'illustre rejeton de la glorieuse famille des La Ripaudière fut bien obligé de suivre le valet, sans retard aucun. Car il connaît l'humeur de Mme la Marquise, née de Revêchon, et il sait aussi qu'Antonine, sa fille, enfant volontaire de quatorze ans, et qui sera un jour au moral l'image fidèle de

Mme la Marquise, ne manque pas de faire le diable
à quatre quand, par un signe convenu, sa mère lui
en octroie la permission.

La mère et la fille parlèrent seules pendant le déjeûner. Quant au marquis, triste, contraint, il ne
regardait que le fonds de son assiette où il piquait
chaque bouchée qu'il mangeait sans appétit.

Mme de la Ripaudière disait à sa fille qu'il était
temps pour elle de prendre des airs plus nobles
dans la rue. Elle devait commencer sans retard son
apprentissage de grande dame, rôle qu'elle devait
jouer un jour, et elle lui promettait robes et bijoux
si elle voulait se défaire de sa badauderie enfantine
et si elle ne s'arrêtait plus, comme elle en avait
l'habitude, aux boutiques de pâtissiers, en contem-
plation devant une tarte à la crème, ce qui prouvait
une tendance à la gourmandise plutôt qu'aux belles
manières du grand monde.

Le déjeûner fini, Mme la Ripaudière, née de Revè-
chon, partit avec sa fille pour aller faire mille em-
plettes à la ville, et son mari recouvra sa liberté,
pour un moment qui ne fut pas long comme nous
l'allons voir.

Il se souvient qu'il doit aller voir le *désastre* arrivé chez le père Jérôme, et il ordonne à son cocher
d'atteler au tilbury. Bientôt il y monte et le voilà
parcourant l'une des deux allées tournantes qui con-
duisent à la grille de sortie et qui embrassent et
dessinent une jolie pièce de gazon de forme ellipsoï-
dale. Déjà le concierge, sorti de sa loge, a fait tourner

sur ses gonds le magnifique portail en fer forgé, où les écussons de la famille s'encastrent orgueilleusement et se détachent du fouillis des arabesques. Mais avant que le tilbury du maître eût franchi la grille, un élégant coupé entrait et s'arrêtait au bas de la pelouse. Il en descendit un jeune homme ganté, cravaté, épinglé d'une façon irréprochable. Le marquis reconnut au premier coup d'œil le vicomte de la Sicotière, jeune intrigant qui donne les plus belles espérances. Celui-ci, le chapeau à la main, salua avec grâce et dit : Je vois, Monsieur le marquis de la Ripaudière, que vous alliez sortir et que j'arrive ici comme un importun, mais lorsque vous connaîtrez le but de ma visite, vous ne regretterez pas les quelques instants que je sollicite et vous me permettrez ainsi d'acquitter, à la satisfaction de nombreux amis, la mission dont je suis chargé, mission qui ne souffre aucune fin de non recevoir, ni aucune exception dilatoire.

Pour que l'on puisse s'expliquer le langage procédurier de ce jeune vicomte, il est bon que l'on sache qu'il était le fils d'un avocat-général fait *noble* sous la Restauration pour service rendu à la cause du droit divin. Il avait donc, par une habitude qui datait de l'enfance, conservé quelques-unes de ces heureuses et douces expressions de la langue de la chicane.

Force fut au marquis de rétrograder. Il pensait du reste qu'il s'agissait d'une de ces sortes d'affaires qui s'énoncent en trois mots; aussi dit-il au cocher de rester sur le siége et d'attendre dans la cour. Mais à cet ordre donné à l'automédon, M. de la Sicotière se retourna et dit : J'oubliais de vous dire, Monsieur le Marquis, que le baron de la Bricanne, le duc de Paillauvent, le chevalier de Tirteigne, et quelques autres de mes jeunes amis, la fleur de la noblesse de ces contrées, doivent venir me rejoindre ici pour savoir, *sine morâ*, ce que vous aurez décidé.

Dételez alors, dit le marquis au cocher, et rentrez Brigantin, dans sa box.

Le jeune noble moderne et le marquis de la vieille roche, gravirent ensemble le perron historique, illustré par tant de bottes à l'écuyère et de talons éperonnés qui ont retenti sur chacune de ses marches chantournées.

On entre au salon, sorte de musée tout rempli de portraits de famille et où figurent quelques paladins des croisades.

Veuillez vous asseoir, Monsieur le Vicomte, fait le noble marquis. Mais le jeune homme reste debout et prend une pose théâtrale comme s'il allait débiter une tirade de tragédie ou une harangue de député.

Il s'exprime ainsi :

Digne représentant d'une des plus grandes familles de France, ce n'est pas en présence de tous ces portraits de héros qui ont donné leur sang aux croisades, de magistrats et d'hommes d'état qui ont siégé avec tant d'éclat dans les conseils de la royauté, de la vieille monarchie française du droit divin, que je croie avoir besoin de vous rappeler vos titres à l'illustration. Mais, en évoquant le souvenir de toutes ces grandes ombres, je dois seulement répéter devant vous ce qui est devenu un dogme accepté par tous les gentilshommes de France, c'est que *noblesse oblige*. Oui, noblesse oblige à des devoirs sacrés et aujourd'hui plus que jamais. En effet, la société est en péril, les trônes et les autels sont renversés, rois et pape sont bafoués, les passions les plus subversives bouillonnent comme les laves d'un volcan. La démocratie a des éruptions périodiques qui font trembler le sol.

Les artisans entrent dans la voie que la bourgeoisie de 89 leur a frayée. Car il ne faut pas se le dissimuler, c'est la bourgeoisie, c'est-à-dire la roture, qui nous a fait passer sous le niveau commun en faisant décréter l'abolition des priviléges, c'est elle qui a fait toutes les révolutions et nous serions à jamais pérdus si nous n'avions pas nos fidèles campagnards.

Il s'agit donc aujourd'hui de museler cette bourgeoisie remuante et puisqu'elle se personnifie surtout dans les avocats, il faut proclamer bien haut que le règne des avocats est passé, et que celui de la noblesse doit recommencer par la restauration du droit divin, notre refuge et notre sauvegarde.

Pendant toute cette tirade, dite avec des gestes d'acteur, l'honorable marquis était demeuré tout ébaubi, quoique doucement flatté dans son orgueil de race. Cependant il n'avait encore rien compris et il attendait la conclusion.

La Sicotière reprend : Eh bien ! illustre marquis,

dans notre circonscription électorale, on porte comme candidat à l'assemblée nationale, savez-vous qui? vous ne le croiriez pas, non, c'est invraisemblable, on ose présenter encore un avocat et quel avocat! Le petit Tramassou, c'est-à-dire un Thiers d'il y a quarante ans.

LE MARQUIS. — Eh! mais c'est mon avocat, il est très instruit, très laborieux et très honnête, et j'en suis très content.

LA SICOTIÈRE. — C'est possible, mais que peut-il représenter sinon Voltaire et la Révolution.

Donc, dans le danger où se trouvent la famille, la religion et la propriété, mes amis et moi, nous avons tenu conseil et nous n'avons trouvé dans le pays qu'un homme qui fut assez haut placé et assez généralement aimé pour être opposé avec succès à ce Tramassou, et cet homme, c'est vous, honorable marquis. Nous vous avons choisi pour écraser avec vos quarante quartiers de noblesse les cinq cents ans de roture de la famille des Tramassou.

LE MARQUIS, un peu décontenancé. — Mais c'est impossible, je n'ai aucune des qualités d'un représentant de la nation.

LA SICOTIÈRE. — Vous les avez toutes : d'abord vous êtes riche, richissime, vous possédez, outre vos capitaux immenses, 153 métairies, nous les avons comptées sur le cadastre ; vous n'en connaissiez peut-être pas le nombre, vous-même.

LE MARQUIS. — C'est vrai, je ne savais pas le chiffre exact.

LA SICOTIÈRE. — Donc, premier point, fortune colossale et partant prestige incommensurable ; second point, vous n'avez jamais occupé aucune fonction publique. Donc, aucun parti ne connaît votre opinion et c'est un avantage.

LE MARQUIS. — Mais, Vicomte, entre nous, et je suis confus de vous l'avouer, je n'ai aucune instruction sérieuse, il me serait impossible d'aborder la tribune.

LA SICOTIÈRE. — Ce n'est pas nécessaire ; au contraire, vous n'aurez qu'à aller vous placer à l'extrême droite, tout en haut, à côté de M. Franc-Emballe qui va être nommé et qui dirigera vos votes, et là, bien en vue, vous serez grave et immobile comme un sphinx et l'on vous en supposera la profondeur.

Donc, troisième et dernier point, mutisme digne, tenue irréprochable, c'est parfait. Vous acceptez, Marquis, car la France a besoin de vous et la noblesse française surtout. Sans vous, *finis Galliæ et juris divini.*

LE MARQUIS. — S'il le faut à tout prix, j'accepte. Mais j'aurai grand besoin de conseils.

LA SICOTIÈRE. — Ils ne vous manqueront pas.

A ce moment, le duc de Paillauvent, le baron de la Bricanne, le chevalier de Tirteigne arrivent tous ensemble. Ils sont introduits au salon.

LA SICOTIÈRE. — Messeigneurs, *veni, vidi, vici.* M. le Marquis accepte.

Bravo ! crièrent tous les gentilshommes.

LA SICOTIÈRE. — Seulement, par un excès de modestie qui est presque toujours l'enveloppe d'un grand talent, notre futur honorable représentant vous demande le concours de vos lumières, *socius sociis.*

LE DUC DE PAILLAUVENT. — Nous nous identifions avec vous, Monsieur de la Ripaudière; et puisqu'il est permis d'élaborer devant vous et avec vous les grandes questions vitales de la monarchie, je vous demanderai d'appuyer de tout votre pouvoir, la reconstitution d'une aristocratie terrienne. Il faut abolir l'art. 745 du code civil, car à lui seul il a fait révolutionnairement plus que Robespiere et Marat et toute la convention; il dit : Les enfants.... succèdent à leur père et mère.... sans distinction *de sexe ni dé primogéniture....*

Une monarchie sans une aristocratie qui lui fasse auréole et bouclier tout à la fois, c'est une chimère et un contre-sens. De là, les majorats rétablis, *a majore natu,* le droit d'aînesse, la division de la propriété en *terres nobles* et en *domaines roturiers.*

LE MARQUIS. — Et les droits seigneuriaux !

PAILLAUVENT. — Oui, tous les droits du seigneur, sauf à en user avec discrétion.

LE MARQUIS. — Et la dîme du clergé !

Ici, le baron de la Bricanne, jeune gandin qui entretient une lorette à Paris, ce qui ne l'empêche pas de venir tous les ans faire ses Pâques dans sa paroisse, pour l'édification des villageois, intervient et répond :

Pour ce qui est de la dîme, *distingo,* et j'entre ici dans les idées du noble duc de Paillauvent, sur la division en terres patriciennes et plébéïennes, organisation politique à laquelle j'adhère complètement, et je demande que les premières soient exonérées de l'impôt clérical.

La plupart des prêtres sortent de la roture et, je le dis tout bas ici, beaucoup d'entre ceux que nous admettons à notre table, en récompense des services qu'ils nous rendent, sentent encore un peu le marécage dans lequel ils ont marché pieds nus dans leur enfance. C'est donc à la roture à payer des gens sortis de sa classe.

Silence là-dessus ! s'exclamèrent à la fois tous les jeunes nobles, soutiens du trône et de l'autel ; quand on pense ainsi on doit avoir la retenue de ne pas le dire tout haut.

L'entretien continua encore longtemps de la sorte sur des questions de cette nature, bien propres comme on le voit à assurer le bonheur du peuple en mettant les plus lourdes charges sur le dos de Jacques Bonhomme. On se mit facilement d'accord et on ne se quitta pas sans avoir échangé de chaudes poignées de main.

Mais le marquis resté seul devint tout-à-coup perplexe. Il lui sembla qu'il avait été plongé dans une sorte d'ivresse et qu'il se dégrisait. Une pensée qui avait traversé son cerveau avait opéré ce changement subit.

Il se rappela les idées de Mme la marquise, née de

Revêchon, sur la souveraineté du peuple et sur ses représentants. Comment lui faire cette communication difficile, à savoir qu'il avait accepté une candidature à l'assemblée nationale. Il n'oserait jamais et il le fallait cependant. Il se décida à remettre après le dîner le scabreux entretien qu'il devait avoir avec elle sur ce sujet.

A ce moment, rentraient Mme la Marquise et sa fille. La voiture était littéralement bourrée d'étoffes et de menus objets à l'usage d'Antonine, ce qui prouvait que celle-ci ne s'était pas posée en point d'admiration devant une tarte à la crême. On sortit en dernier lieu du fond du coupé, une magnifique gravure coloriée, encadrée de baguettes cannelées, qui représentait Henri V, couvert d'un manteau royal, parsemé de fleurs de lys d'or. Il recevait à genoux la bénédiction de Pie IX, qui lui mettait au front l'huile de la Sainte-Ampoule. Une colombe qui symbolisait le Saint-Esprit tenait dans son bec un ruban vert auquel pendait la couronne de France. C'était le futur sacre du roi légitime à Reims. Cette gravure se vendait publiquement sous les yeux de la police qui avait reçu l'ordre de ne rien voir.

Quelques instants après on se mit à table pour dîner. De même qu'au déjeûner le marquis était sombre, taciturne, comme une des carpes de son vivier ; car il préparait dans son cerveau des plans diplomatiques pour informer sa révêche moitié de l'engagement irréfléchi qu'il avait pris à propos de la candidature que le club de la jeune aristocratie

lui avait fait offrir par l'organe du vicomte de la Sicotière.

Il avait été toute sa vie d'une sobriété et d'une
tempérance véritablement chamélique, mais ce jour-
là il lui prit fantaisie de demander au dieu du vin
des inspirations et de l'audace.

La conversation entre la mère et la fille au sujet
des nouvelles modes de la saison était tellement ani-
mée qu'elle laissait au marquis champ libre et lui
permettait de se livrer commodément à ses rêveries
et à ses libations. Il tendait donc fréquemment son
verre au domestique qui avait la charge d'échanson.
Une ou deux fois la Revêchon, sa rigide épouse,
arrêta sur lui un regard inquisiteur qui voulait dire :
que signifie ceci ! Mais, lui, n'y fit pas attention, il
agissait de parti pris.

Après avoir servi le café, on met comme d'habitude la cave aux liqueurs près de lui. Il hume quelques gorgées, puis il verse dans sa tasse un petit
filet de cognac — petit mais suffisamment long. —
ce qu'en terme de presbytère on appelle un bon
gloria. Il déguste de nouveau et savoure comme fait
un connaisseur ; puis, une minute après, il allonge
sournoisement sa main vers le flacon au rhum et se
verse un second filet, qui avait, celui-là, la largeur
d'un ruban. Il reste calme, recueilli, comme au dé-
but d'une extase intérieure, c'était le moment où les
esprits faisaient leur ascension vers le cerveau ; et
puis, sans prendre garde qu'il va faire du tricolore,
il s'empare d'un troisième flacon et laisse tomber

au fond de sa tasse un troisième filet, bien auné, de kirsch de la Forêt-Noire.

Madame qui avait vu la triple addition et qui avait remarqué l'aunage se tint à quatre pour ne pas éclater, mais enfin elle se contint et ne dit mot.

Le repas était fini et la tasse du marquis complétement vidée, Antonine et sa mère se levèrent de table et se dirigèrent vers le salon. Mais il prit fantaisie à la défiante épouse de se retourner et à ce moment, *proh pudor!* elle aperçut son noble mari, le dernier descendant des La Ripaudière, se versant, comme un simple bourgeois, devinez quoi?.... une rinçonnette de cognac pur.

Pour le coup, la bombe éclata. Il sortit de la prunelle de la marquise des rayons fauves et rutilants, et d'une voix, qui était loin d'être harmonieuse, elle dit au nouveau disciple et imitateur de Silène : Monsieur vous voulez donc vous griser.

Tout naturellement le noble mari fut choqué de l'apostrophe; mais du moins il avait réussi, il était monté au dégré voulu. Il se leva d'un bond comme mu par un ressort, prit un londrès qu'il alluma, alla à une fenêtre qu'il ouvrit, lança au vent quelques nuages blancs et floconneux qui sortaient de sa bouche, puis lorsqu'il fut ainsi préparé il marcha d'un pas gaillard et délibéré vers le salon et tout en entrant : Antoinette, dit-il à sa femme (elle se nomme Antoinette), *ma chère amie,* connais-tu la nouvelle du jour, l'invraisemblable nouvelle? Non, eh bien! voici : tu connais le petit avocat Tramassou puisqu'il a l'honneur de nous compter parmi ses clients.

ANTOINETTE. — Je connais cet avocat, et de plus je connais aussi Mme Tramassou, la bourgeoise la plus prétentieuse et que je. déteste le plus ; c'est la fille du marchand d'épiceries chez qui s'approvisionnait la maison de mon père. Après ?

LE MARQUIS. — Après ! eh bien ! il est candidat à la future assemblée nationale.

ANTOINETTE. — Il est digne d'une pareille assemblée et une pareille assemblée est digne de lui. Mais que nous importe ! La noblesse, j'entends la vraie noblesse, a-t-elle rien à voir dans ces pétaudières où l'on aperçoit pêle-mêle, s'injuriant et se montrant le poing, les descendants des croisés et les fils des conventionnels régicides.

LE MARQUIS. — Au nom de la société en péril, au nom de la propriété menacée par l'impôt progressif, au nom de la religion dépossédée de ses biens terrestres, au nom du droit divin et de nos anciens priviléges féodaux, oui, la noblesse doit intervenir et moi j'ai promis d'intervenir.

La glace était rompue et le mot était lâché.

ANTOINETTE. — Et à qui, s'il vous plaît, avez vous fait cette belle promesse ?

LE MARQUIS. — Voici : pendant votre absence, M. le vicomte de la Sicotière arrivé ici le premier, y a été rejoint par le chevalier de Tirteigne, le baron de la Bricanne et le duc de Paillauvent.

ANTOINETTE. — Quatre jeunes fous à pas un desquels je ne consentirais à donner ma fille.

LE MARQUIS. — Il ne s'agit pas de cela, mais de tout autre chose. Devant tous ces portraits de famille ils m'ont rappelé mon illustration et les devoirs qui en découlent; ils m'ont facilement démontré que l'élection de Tramassou était le triomphe de la bourgeoisie et surtout de la bourgeoisie avocassière; ils m'ont dépeint, avec les plus vives couleurs, les conséquences désastreuses pour la noblesse du régime égalitaire, auquel le gouvernement d'aujourd'hui donne les mains, et ils m'ont sollicité d'être le représentant de la vieille aristocratie française et des droits seigneuriaux méconnus.

ANTOINETTE. — Et vous avez accepté?

LE MARQUIS. — J'ai accepté et j'ai donné ma [parole; et la parole d'un La Ripaudière vaut un écrit authentique.

Il accentua ceci d'un geste solennel.

ANTOINETTE. — Monsieur le Marquis, pour imiter votre éloquence par énumération et vos prosopopées à la façon antique, je vous dirai à mon tour :

Au nom de la famille des de Revêchon, au nom de la souveraineté royale, la seule légitime, la seule divine, et qui est la négation absolue de cette souveraineté populaire dont votre palefrenier est une part et un spécimen, au nom de Charles IX et de Louis XV, au nom des droits indiscutables de la race et du sang, je vous adjure de ne pas accepter une mission compromettante et sans dignité.

LE MARQUIS. — Mais enfin, le roi légitime ne peut pas se restaurer tout seul.

ANTOINETTE. — Au contraire, il doit le faire ainsi, il doit rentrer aux Tuileries comme un propriétaire rentrerait dans la maison qui lui appartient et dont il aurait été autrefois dépossédé par une troupe de brigands, et cela, sans demander aux fils de ces mêmes brigands la reconnaissance de son droit de propriété.

LE MARQUIS. — Mais ils disent, les révolutionnaires, c'est-à-dire ces brigands dont vous parlez, que la France, peuple et territoire, n'est pas une chose qui soit dans le commerce, et que, par conséquent, elle n'a jamais pu être possédée par personne comme le serait un immeuble privé. Ils nient l'analogie et la comparaison de la France avec une maison et en démontrent la fausseté.

ANTOINETTE. — C'est possible, mais il suffit que cette comparaison puisse faire illusion, et ce n'est pas à vous, en tout cas, qu'il appartient de divulguer la dissemblance des rapports.

La nation n'a aucun droit, c'est mon principe à moi ; et vous, vous iriez mendier les voix du peuple, voire même de la populace.

La noble famille de Revêchon, dont je sors, affirmait hautement le droit divin des rois et niait carrément le droit humain des peuples. Les légitimistes d'aujourd'hui confessent bien encore le dogme de la souveraineté royale, mais immédiatement après ils se chargent eux-mêmes de donner un démenti à leurs principes, et ils vont solliciter du peuple une délégation de sa puissance, ce qui est implicitement reconnaître sa souveraineté.

Mon père, qui était marquis comme vous, Monsieur, disait que, s'il eût reconnu le droit populaire, il eût été forcé d'être républicain. Car, ajoutait-il, le peuple étant un être collectif et successif, il possède un droit impersonnel et continu, qu'il n'est pas lui-même libre d'aliéner, puisque ce serait confisquer sur les générations futures ce même droit qui leur appartiendra.

Si l'on soutient, au contraire, que c'est Dieu lui-même qui investit les rois de la puissance absolue, c'est dire au peuple qu'il n'est rien et qu'il n'a qu'à obéir.

En France, deux souverains, le roi et le peuple, ne sont pas plus possibles que deux papes à Rome. Il faut que que l'un d'eux succombe et disparaisse.

Je sais bien, continua la Marquise, qui, comme une amazone, faisait une charge à fond contre tous les ennemis de l'absolutisme divin, je sais bien que l'on a inventé un système bâtard qu'on appelle le régime constitutionnel. D'après cette merveilleuse machine de pondération et suivant les règles de ce jeu de bascule, le peuple souverain s'interdit le droit de chasser le roi et sa descendance, et, de son côté, le roi renonce à gouverner son peuple, lequel est administré par ses représentants, ministres et législateurs. De là, la maxime inventée par M. Thiers et les autres doctrinaires : le roi règne et ne gouverne pas.

Mais je dirai à M. Thiers et aux autres logiciens de son école : Si le roi ne gouverne pas, il n'est pas nécessaire d'en choisir un en chair et en os ; mieux vaut prendre une statue en bois doré ou plutôt en airain, pour qu'elle dure plus longtemps. Sous ce régime, le roi n'est plus un homme mais un fétiche, le manitou d'un peuple.

LE MARQUIS. — Il me semble que c'est-là la constitution anglaise.

LA MARQUISE. — Sans doute ; aussi, mettre sur le trône britannique une poupée couronnée au lieu d'une reine sans pouvoir, cela ferait absolument le même effet ; on s'épargnerait même ainsi l'impôt de la liste civile.

LE MARQUIS. — Je vois que ces questions vous sont familières ; les grands principes vous ont été infusés avec le sang par votre illustre père, qui était un esprit profond ; mais moi, je m'y perds, je m'y embrouille et j'en reviens à dire que ma parole ayant été donnée, elle doit être tenue.

Il dit ces derniers mots en s'animant, et il semblait vouloir brûler ses vaisseaux, en prenant une résolution irrévocable. Puis, il marche à grands pas dans le salon et s'apprête à sortir pour rompre un entretien qui lui devient pénible et qui tourne à l'acrimonie conjugale. Mais il entend un grand cri, puis un bruit sourd, comme celui de la chute d'un corps sur le parquet. Il se retourne et voit sa trop nerveuse épouse se roulant sur le tapis ; c'était-là une de ses grandes ficelles tragiques. Antonine pousse un cri de jeune chacal, et court par les escaliers, appelant et mettant toute la domesticité sur pied.

Adeline, la femme de chambre, une grande et belle fille normande, accourt avec des sels et des odeurs. On place la marquise sur un canapé, on lui fait respirer des parfums, on lui frappe dans les mains, on lui chatouille le nez avec les barbes d'une plume, rien n'y fait, la syncope est parfaite, il y a rigidité, insensibilité; c'est une catalepsie bien conditionnée.

Le marquis à genoux apporte tous ses soins; il essaie tous les calmants pour opérer une détente. La crise paraît encore augmenter.

Vite, un médecin, crie-t-il; cocher, attelez sans retard, fendez l'air, crevez mes chevaux, mais ramenez le docteur au galop.

Le pauvre marquis était lui-même plus mort que vif.

Alors, dit Adeline, la luronne cotentine, un prêtre ne serait pas de trop non plus. (Le marquis fait un signe d'assentiment.

Baptiste, continua-t-elle, puisque vous allez chercher le médecin, prenez aussi le jeune vicaire, M. V..., c'est le confesseur de Madame.

En attendant l'arrivée du médecin du corps et du médecin de l'âme, le marquis essaie de tous les lénitifs. Sans trop s'en douter, mais par suite d'une logique intuitive, il trouve le bon. La pâmoison provient de la candidature; supprimons la candidature, peut-être le mal va-t-il se calmer.

Chère Antoinette, dit-il, sans trop espérer pouvoir être entendu, reviens à toi, renais à la vie, et je te le jure par les ossements de mes ancêtres (quand

on a des ancêtres, on abuse même de leurs os), je
ne serai pas député; pas même candidat. A l'instant
même, j'écris à mes jeunes amis qu'un motif ignoré,
qu'un événement imprévu, qu'un empêchement capital; — que sais-je, moi, ce que je vais dire, —
m'oblige à dégager ma parole.

La cataleptique remua un bras et ouvrit un œil.

C'est cela, pensa le marquis enchanté, ça opère,
continuons. Oui, ma bonne Antoinette, je pense
comme toi, absolument comme toi sur les principes
et sur les moyens : tes idées, tes arguments si péné-
trants ont fait irruption dans mon cerveau et une
grande lueur s'y est produite. Oui, Antoinette,
maintenant je suis un voyant, je vois par tes yeux,
et je sens par ton âme.

Le marquis avait presque retrouvé ses phrases
d'amour d'autrefois.

Le miracle s'accomplissait, la rigidité diminuait;
le corset ayant été ôté, la respiration devenait meil-
leure et se régularisait.

Au bout d'un quart d'heure, la malade se frottait
les yeux, soulevait sa poitrine comme pour se dé-
barrasser d'un cauchemar. Où suis-je, dit-elle, et
que s'est-il passé? Oh! comme j'ai souffert! Mes
idées reviennent, je me souviens.... candidat.... député.... tribun du peuple plutôt que conseiller du roi.

LE MARQUIS, l'interrompant. — C'était un rêve,
Antoinette, un cauchemar; je ne sais rien, je ne
serai rien, fussé-je un Mirabeau, un Berryer, un
Montalembert; c'est dit, c'est fini.

Antoinette se lève, toute seule; renvoie Adeline; marche un peu dans le salon, puis monte à sa chambre à coucher dont elle entrouvre une fenêtre pour regarder le ciel, Une voiture arrivait à fond de train : c'était le cocher qui ramenait prêtre et médecin. Leurs soins, à l'un comme à l'autre, allaient être inutiles, et il ne s'agissait plus que de les bien recevoir.

Ils arrivent, ils entrent, s'informent de Mme la Marquise. Guérie! leur fut-il répondu; mais la crise a été épouvantable et offrait les plus graves symptômes.

Madame descend avec eux au salon; cause un instant; puis, les invite à passer dans la salle à manger pour prendre une légère collation.

Mais où donc est M. le Marquis. La salle est vide, et cependant on l'y avait vu passer. On cherche, on fouille l'office, les cabinets de travail, les corridors, les cuisines, toutes les pièces. On sort dans le jardin, on pénètre dans les massifs, rien; enfin, on ouvre l'orangerie.... c'est là, le voici, mais gisant à terre, la face violacée, les yeux injectés, frappé d'apoplexie. Son cerveau avait été ébranlé par des commotions trop fortes, et tout cela, joint à son trop copieux dîner, avait amené une congestion entre les deux pariétaux. Cependant il respirait encore; le médecin est appelé, il pratique une saignée, prudemment ouvre et referme la veine sous la pression du doigt.

La marquise est-là, anxieuse à son tour et prodiguant les mêmes soins qu'elle avait reçus tout à l'heure.

Le jeune vicaire qui ne peut confesser un homme qui ne parle pas, a ouvert la boîte aux saintes huiles. Il s'apprête à remplir son ministère.

Le pauvre malade reprend connaissance peu à peu. Le médecin, après avoir palpé le pouls et consulté le cœur : Sauvé ! dit-il, oui, sauvé, mais....

S'il vous arrivait de pouvoir être reçu au vieux château de la Floridondaine, demeure à peu près fermée aujourd'hui, et si vous rencontriez le marquis se promenant dans la cour, vous le verriez à votre approche monter sur la plus haute marche du perron demi-circulaire, dont nous avons parlé, et là, grave et immobile, il vous dirait : *je suis un sphynx, et j'en ai la profondeur.*

IL EST DEVENU FOU.

LA JOURNÉE D'UN PROLÉTAIRE

Nous sommes au mois de mai ; c'est le moment où la nature ouvre ses écrins, étale ses premières richesses, blanchit les haies, verdit les prés et poudre les têtes rondes des pommiers de petites fleurs qui ressemblent à des flocons de neige teintés de rose par les rayons du soleil.

Des fleurs brillantes et variées s'épanouissent, immobiles au bout de leurs tiges rigides ou gracieusement penchées ; d'autres fleurs, non moins splendides et non moins diverses, voltigent dans les airs : ce sont les papillons.

Il sort des nectaires, cachés au fond des corolles, des parfums plus suaves que ceux que l'on brûle en des cassolettes d'or dans les palais des rois ; on voit scintiller dans les gazons, comme des pierres précieuses que l'on y aurait semées, des mouches et des scarabées qui surpassent par l'éclat de leurs couleurs, les éméraudes, les améthystes et les rubis.

Pour peu que vous fassiez quelques pas, la scène change de décors à chaque minute, et quels décors ! De grands arbres, aux feuillages sombres ou clairs, s'échelonnent le long des coteaux mamelonnés ; des prairies, que le vent commence à faire onduler et qui ressembent à de petits lacs aux vagues vertes ; des rocs abruptes dressés comme des frontières aux dernières lignes de l'horizon, et au-dessus de tout cela un ciel où courent des nuages blancs, gris, roses, purpurins, safranés et de cent autres nuances encore, et entre lesquels apparaissent des trouées où la transparence bleue du ciel indique et rappelle à l'homme le chemin de son immortalité.

Et sur cette scène, au milieu de ces décors incomparables, vous pouvez voir des drames émouvants, et des tableaux d'amour plus touchants que ceux représentés sur nos théâtres ; et si vous avez quelque délicatesse dans l'âme, vous assisterez à des concerts où pas un musicien ne fait de fausses notes, car ici les virtuoses du chant sont des fauvettes et des rossignols, des merles et des loriots.

Trésors, pierreries, parfums, décors, drames, idylles, harmonies, tout cela est donné gratuitement par la nature à l'homme, pour lequel elle est surtout prodigue ; au pauvre qu'elle veut combler de ses immenses et inépuisables richesses.

Elle a voulu que *celui qui ne possède pas*, la possédât tout entière.

Mais il est tristement vrai de dire que beaucoup ne voient pas ces trésors et ces merveilles, ne goûtent pas ces jouissances de la vue et des autres sens, sans quoi il n'y aurait pas d'être absolument malheureux sur la terre, la création étant toujours et pour tous la grande consolatrice. Danton, dans sa prison, s'écriait : « Oh! si seulement je pouvais voir un arbre! »

Il n'est pas nécessaire de naître dans l'opulence pour avoir des sens exquis, et l'artisan dont nous avons à vous raconter la journée est sous ce rapport admirablement organisé.

André Maillard est bûcheron dans la forêt de P..., près le bourg de L..., où il demeure. C'est un homme de trente-deux ans, de grande taille, vigoureux, d'une santé de fer qu'aucun excès grave n'a jamais altérée ; ses yeux sont doux, mais pleins d'éclairs ; une barbe noire encadre ses traits réguliers, et sur lesquels l'ombre des bois semble avoir jeté une teinte de mélancolie, qui au fond n'est réellement que le reflet du recueillement de la pensée. Relativement instruit, lorsqu'il sortit de l'école primaire, on pouvait lire sur sa note de classe : intelligence vive, grande aptitude à tout apprendre.

Chaque jour il lit un journal, qui est à égale distance des deux extrêmes, c'est le *Journal des Débats*. Un rédacteur de cette feuille est son frère de lait, et cet écrivain, qui n'a pas oublié qu'il a puisé la vie aux mêmes sources que l'enfant de la forêt, lui envoie gratuitement la feuille où il écrit.

Il est cinq heures du matin, les premiers rayons du jour se glissent par les fissures de la porte et les interstices des volets, et répandent dans la maison une lueur vague et indécise qui déjà permet de distinguer les objets. Plusieurs fois le coq matinal a jeté son appel aux travailleurs.

André Maillard pense en se réveillant que le travail c'est le devoir et il obéit au devoir. Il jette un long regard sur sa jeune femme qui s'éveille aussi, il lui donne un baiser au front en passant l'une de ses mains dans ses blonds cheveux dénoues. Rose, c'est le nom qu'elle porte et qu'elle justifie bien, répond à cette caresse par un serrement de main expressif.

A peine André a-t-il quitté la couche commune que deux jolis petits garçons, l'un de quatre et l'autre de cinq ans, qui ne dormaient plus depuis près d'un quart d'heure et qui, silencieux, guettaient le départ du père, se lèvent de leurs petites couchettes, posées contre le grand lit, et escaladant celui-ci vont se blottir près de leur mère, chacun de son côté.

— Tu peux partir maintenant, mon cher André, dit la jeune femme, me voici entre mes deux anges gardiens.

André qui a ouvert la porte et qui va pour sortir revient auprès du lit et embrasse d'un nouveau regard ces trois êtres si chers qui sont toute sa vie. Mais il se hâte de se dérober aux sollicitations de son cœur, car il faut obéir à la loi du travail, loi impérieuse et cependant si bien appropriée à la nature humaine, que les hommes complétement désœuvrés, comme l'étaient les rois fainéants, sont consumés par l'ennui.

Il prend le sentier de la forêt et s'il s'arrête un instant ce n'est que pour respirer en passant l'odeur d'une branche d'aubépine qui pend sur le chemin ou pour écouter un chant d'oiseau dans un buisson.

En arrivant au milieu de ses compagnons de travail, il donne et reçoit de fraternelles poignées de main, car tous sont pleins d'affection pour lui et lui reconnaissent instinctivement une sorte de supériorité intellectuelle et morale.

La cognée retentit et fait gémir les échos au fond de leurs grottes, et les grands arbres en tombant jettent des appels désespérés à leurs frères de la forêt qui, repercutant le cri d'alarme, le portent jusqu'aux dernières lignes où se trouvent rangés comme des bataillons les noirs sapins et les blancs bouleaux. On se sent allègre et l'on éprouve une sorte de bien-être indicible sous ces dômes de feuillage qui ne laissent passer les rayons ardents du soleil qu'après les avoir tamisés en une poussière d'or.

Les savants expliquent ce bien-être, cette plus grande amplitude de la respiration, par un plus grand dégagement de l'oxigène provenant des feuilles qui, sous l'action de la lumière, décomposent l'acide carbonique et s'assimilent le carbone.

Mais il n'est pas nécessaire d'en connaître la cause, il suffit qu'on en jouisse.

Ce jour-là, André Maillard, au moment du déjeûner qui se fait sur place, car chacun l'apporte avec soi, s'éloigna un peu et s'assit à l'écart. Il pensait : dans quel palais pourrais-je trouver ce que je vois dans cette salle à manger du bon Dieu. Voici sous mes pieds un tapis de mousse qui offre de vraies fleurs passées dans la trame ; voici des arbres aux fûts élancés que je préfère aux colonnades de marbre d'une salle de chevaliers, car il y a dans les chapiteaux des nids d'oiseau et des chants d'amour ; la voûte, fouillis de branches et de feuilles laisse tomber du ciel des ruissellements de lumière ; ces arcades avec leurs draperies de lierre ressemblent à de grandes fenêtres ouvertes sur l'horizon. Cette pierre, où peut-être autrefois s'est assise quelque Velléda, après avoir coupé le gui sacré avec sa faucille d'or, me sert aujourd'hui de table pour mon déjeûner.

Puis, il pensait encore : vraiment je suis roi ici. Mais non, je ne voudrais pas être roi, j'aime mieux être bûcheron, car j'aime mon état et j'en suis fier, je me souviens que Lincoln, l'ancien président des États-Unis, avait commencé comme moi par être bûcheron. Pourquoi, moi aussi, utilisant le petit pécule que j'ai pu amasser, ne ferai-je pas quelque entreprise? Ne puis-je pas me faire tâcheron et avoir d'autres ouvriers sous mes ordres? Et si la fortune me souriait, je mettrais mes deux petits garçons au collége, au lycée, à l'école polytechnique ou à l'école de médecine, ou à l'école de droit. Savants; ils pourront aspirer aux plus hautes fonctions de l'État. N'est-ce pas là une ambition légitime? Oui, bien légitime, mais pour que de pareils rêves se réalisent, il faut vivre en démocratie, sous le régime de l'égalité devant la loi, sans privilége de caste au détriment du mérite.

C'est ainsi qu'André Maillard se laissait emporter sur l'aile des rêves quand il fut rappelé sur la terre par la réalité.

Un coup de hache venait de retentir : c'était le travail qui recommençait ; il saisit donc de nouveau ses outils et, plus vaillant, plus courageux encore, pour avoir un instant erré par l'esprit dans le monde des espérances, il accomplissait sa tâche avec un entrain qu'il communiquait aux autres par ses paroles et par ses conseils.

Les bûcherons, en regardant à la lisière du bois, virent approcher une voiture assez élégante, mais surtout solide et confortable ; elle était sans armoiries et n'avait même pas un de ces faux écussons que les bourgeois parvenus se permettent et qu'ils font faire tout petits pour que de loin on puisse prendre une lettre enjolivée d'une certaine façon pour une couronne de comte. L'empire, cherchant à plaire aux enrichis vaniteux, avait mis à la mode ces armoiries apocryphes.

Le personnage qui était dans la voiture était M. X...., le propriétaire de cette forêt. Il venait jeter un coup-d'œil sur les pièces équarries, vendues pour la marine, et fixer les dimensions à donner à d'autres bois de débit.

Voici en peu de mots qu'elle était l'histoire de M. X.... Il était fils d'un cultivateur aisé de la Beauce, et il avait montré tant de dispositions à apprendre dans ses premières études que les parents firent des sacrifices pour le pousser plus loin. Il arriva à l'École Polytechnique et en sortit ingénieur dans les ponts-et-chaussées. Lors du coup d'État, il était dans un des départements du Midi qui furent le plus éprouvés par l'infâme verdict des commissions mixtes Sans prendre part de sa personne à la résistance, il ne pouvait la blamer et le laissait trop apercevoir. Il fut mis en suspicion et soumis à des tracasseries bureaucratiques qui le forcèrent à donner sa démission. Il prit un grand parti et s'embarqua pour les États-Unis d'Amérique. Là, il devint ingénieur dans les lignes ferrées, s'associa plus tard avec de grands entrepreneurs de travaux publics qu'il dirigea, déploya tant de savoir et d'activité que la fortune ne fut pas ingrate. Il revint archi-millionnaire dans son pays natal et acheta, avec d'autres immeubles, la forêt où nous le voyons en ce moment.

Après avoir causé un instant avec les ouvriers, il prit à l'écart André Maillard et lui dit qu'il l'avait remarqué pour son travail et pour son intelligence, et qu'ayant besoin d'un auxiliaire pour cette partie de la forêt, attendu que l'âge et les rhumatismes qu'il avait rapportés d'Amérique, et qui provenaient des intempéries qu'il avait eu à supporter dans les premières années de labeur, ne lui permettaient plus les mêmes fatigues qu'autrefois.

— Bref, dit-il à André, dès aujourd'hui je vous choisis pour régisseur spécial de ce quartier du bois, je double votre salaire et si vous répondez à ce que j'espère de vous, je vous donnerai une part d'intérêt dans les ventes. Acceptez-vous ?

André, qui était ému à verser des larmes de joie en pensant que ses rêves de tout à l'heure venaient presque de se réaliser, répondit qu'il acceptait avec la plus grande reconnaissance et qu'il ferait tout pour se rendre digne de la confiance que M. X... mettait en lui. L'ancien ingénieur, le moderne archi-millionnaire, avait contracté en Amérique l'habitude de donner facilement la main aux travailleurs, lesquels, comme on sait, jouissent là-bas d'une si haute considération. Il donna donc une bonne et franche poignée de main à André Maillard, qui en fut tellement saisi d'émotion et intérieurement si flatté qu'on n'eût pu dire lequel ou de la place ou de ce serrement de main le rendait plus heureux.

Quand vint l'heure du diner, il pressa le pas pour annoncer plus tôt à sa chère Rose, la bonne fortune qui venait ainsi tout d'un coup de changer sa position. Il la trouva empressée à poser sur la table une bonne soupe fumante, d'odeur appétissante, et à mettre à chaque place des assiettes épaisses et communes, mais parfaitement propres.

Il la mit bien vite au fait de son entretien avec

M. X... et il n'oublia pas surtout la poignée de main. Rose ouvrit de grands yeux stupéfaits, comme si cette familiarité américaine était tout à fait inconnue chez nous.

Puis, tout-à-coup.: Et moi, aussi, dit-elle, j'ai une nouvelle à t'annoncer, mais il faut dîner auparavant.

Le mari et la femme se placèrent l'un vis-à-vis de l'autre à la petite table carrée ; chacun des enfants fut placé entre eux. Ces jeunes marmots barbotaient bien un peu bruyamment dans leur écuelle, mais on n'y faisait pas trop grande attention et l'on ne grondait pas trop fort. On était en famille.

Apprécie-t-on bien tout ce qu'il y a dans ce mot : *on est en famille.*

Cela veut dire que l'on n'est pas obligé de se composer le visage et le maintien et de. mettre un frein à sa pensée.

Cela veut dire que l'on n'est pas tenu à ne manger que du bout des dents et à ne parler que du bout des lèvres et à observer en outre toutes les puérilités du code des convenances.

Nous avons vu une époque où, pour ne pas être inconvenant, il fallait froisser et briser dans sa main sur son assiette la coque de l'œuf que l'on venait de manger.

Cela veut dire encore que l'on n'est pas exposé à entendre soit de furibondes déclamations conservatrices d'un parvenu, assis en face de vous et qui porte des breloques à sa montre et des diamants

pour boutons de chemise, soit d'interminables dis-
sertations sur la mode du jour, faites par une dame
qui sent venir l'été de la Saint-Martin, et que l'on
vous a choisie pour voisine, comme pour vous donner
un avant-goût de l'une des peines du purgatoire.

Cela veut dire enfin que l'on est cœur à cœur, les
yeux dans les yeux, et que l'on épanche librement
les sentiments qui naissent dans l'âme.

Donc on était en famille et les enfants barbotaient.

Un plat de ragoût bien assaisonné fut ensuite servi.
Quoi ! s'écrie-t-on de toutes parts, ces ouvriers dont
vous parlez mangeaient donc de la viande? Sans
doute, répondrai-je, et ils avaient raison. Suivez bien
la déduction : Le grand capital du travailleur, c'est
la santé ; la santé se conserve par une habitation
saine, des vêtements chauds ou légers suivant la
saison, et par une alimentation suffisamment répa-
ratrice des forces dépensées.

L'ouvrier qui se nourrit mal fait un mauvais cal-
cul, car les forces lui manquent et il ne peut avoir
le cœur au ventre, suivant une expression qui
peint la chose. Il doit donc manger de la viande, et
il serait malheureux que son salaire ne lui permît
pas cette dépense au moins plusieurs fois par se-
maine.

Grave question qui touche à la richesse d'un pays.
Au point de vue général de l'économie sociale, on
comprend que par ce seul fait d'insuffisance d'alimentation, la production n'atteint pas son plein

niveau et la race dégénère; or, une race dégénérée moralement ou physiquement est une race vaincue.

L'ouvrier parisien mange de la viande tous les jours, aussi nulle part il n'est fait autant de travail dans un même nombre d'heures.

Mais profitons du moment où l'intéressante jeune famille achève son dîner pour jeter un coup-d'œil dans cet intérieur.

Vous voyez tout d'abord des meubles parfaitement cirés et luisants, le lit est soigneusement préparé et les rideaux, qui tombent en plis symétriques, sont passés à des patères qui ont coûté cinquante centimes; le plancher est scrupuleusement nettoyé et vous ne feriez pas soulever en marchant le plus petit grain de poussière; des chenêts communs, mais en fer forgé, brillent dans l'âtre, et les indispensables instruments de cuisine sont rangés proprement sur une planchette.

Enfin, la jeune femme, qui aime les fleurs et les parfums que le bon Dieu donne sans les faire payer, avait empli deux grands vases au moyen de branches fleuries d'aubépine et d'autres fleurs odorantes, cueillies sur les haies, et elle les avait posées sur la haute planchette de la cheminée; elle avait mis d'autres vases et d'autres fleurs sur la tablette de la fenêtre, sur les rebords du buffet, partout où une saillie offrait un emplacement convenable. Aussi, en entrant, pouvait-on se croire dans un jardin ou plutôt dans une serre pleine de senteurs.

Mais André, qui connaissait le danger des fleurs dans les appartements, pendant la nuit, à cause du dégagement de l'acide carbonique que les parties vertes et les feuilles ont absorbé pendant le jour, faisait mettre tout cela le soir sur l'appui de la fenêtre, en dehors, du côté du jardin.

André se levait et allongeait la main pour prendre son journal posé à côté de lui, quand il se ravisa, se rassit et dit à sa femme :

— Et la fameuse nouvelle que tu me réservais pour la fin, est-elle donc évaporée et ne t'en souviens-tu plus?

— J'y pensais, dit Rose; mais c'est tout un petit récit, écoute donc bien, puis tu décideras ce que tu dois faire.

Et elle commença ainsi :

Le nouveau maire, celui qui a remplacé M. du Haut-Castel, qui était tant détesté à cause de son arrogance de grand seigneur vis-à-vis du pauvre monde, est venu ici pour te voir au moment du déjeûner, car il ne savait pas si tu prenais ce repas à la maison ou dans la forêt.

Il m'a conté qu'il y avait encore dans le conseil municipal quelques partisans de M. du Haut-Castel, bien que lui n'ait pas été élu. Ce sont, m'a-t-il dit, d'anciennes créatures du château ou du presbytère : un jardinier, un taupier, le chantre au lutrin Lajingeole, l'épicier Pèsafaux et le marchand de draps Malaunant.

Il paraît que la dernière séance a été très orageuse. Les du Haut-Castel, inspirés par cet ancien maire de l'Empire, voulaient que le conseil municipal votât une adresse à l'assemblée pour que Paris fût à jamais déchu de son rang de capitale de la France.

Le maire m'a dit que lui et les autres s'y étaient opposés pour deux raisons : d'abord, parce que le vote d'une si petite commune était parfaitement insignifiant, attendu que des villageois ne sont guère compétents dans une si grande question; ensuite parce que les représentants qui ont si vivement sollicité le mandat de la nation, doivent à la nation non pas des discours qui ressemblent tantôt à des sermons et tantôt à des harangues militaires, mais bien plutôt d'énergiques résistances en face du danger. Quand le danger est à Paris, leur devoir est d'y aller et d'interposer leur poitrine comme un bouclier pour couvrir le reste de la France, dans le cas où la France est réellement menacée par une bande de factieux. Que dirait-on de notre flotte et de nos intrépides marins si, lorsqu'on viendrait leur dire que la Méditerranée est infestée de pirates, ils s'obstinaient à aller dans la Manche faire des simulacres de branle-bas. Si donc, disait-il, en s'animant, il y avait des pirates de montagne sur la butte Montmartre, c'était une raison de plus pour que l'assemblée siégeât à Paris et ne manifestât pas le désir, comme elle le fit dans le temps, de se sauver à Saint-Jean-aux-Citrouilles, sur la frontière d'Espagne.

Je te cite littéralement les expressions de M. le Maire qui, comme tu le sais, a été marin.

Les du Haut-Castel ont donc été battus et comme ils étaient furieux, ils ont tous les cinq donné leur démission. Il s'agit de les remplacer, et M. le Maire est venu t'offrir de te porter sur sa liste pour être conseiller municipal. Dame alors, mon André, j'étais bien fière de toi et bien flattée aussi. Je voyais qu'on appréciait enfin ton honnèteté, ta valeur et ton instruction ; car, pour moi, je te trouve savant comme un livre. Ton journal ne dit pas mieux que toi. J'ai donc bien remercié M. le Maire, et j'ai dit que je pensais bien que tu ne demanderais pas mieux que d'accepter.

— Tu as eu tort, dit André, je refuse. J'approuve complétement le maire dans l'affaire du vote à propos de l'adresse à l'assemblée ; mais je le blâme très fort de prendre l'initiative d'une liste. Par cela même qu'il est maire, il doit s'abstenir de désigner personne. C'est ainsi que naissent les abus d'influence. C'étaient les errements de l'Empire, il faut donc faire le contraire ; car on peut être sûr d'agir honnétement toutes les fois que l'on prendra le contre-pied de ce que faisait ce gouvernement de corruption. L'Empire aimait la vase, c'était son élément ; en agissant comme lui on est certain de s'embourber. Cependant, ajouta-t-il, j'accepterais ces fonctions si elles m'étaient offertes par mes camarades, mes compagnons de travail, et j'accepterais, non par vanité, car je ne crois pas que les places grandissent l'homme, elles sont plutôt bien souvent sa punition en mettant à découvert son insuffisance, mais afin de défendre les intérêts de tous contre les entreprises de quelques-uns.

Ainsi, ma chère petite vaniteuse, tu vas aller, à l'instant, pour réparer ta faute et punir ton mouvement d'orgueil, dire à M. le Maire que *je ne veux pas,* et il souligna ces mots par l'accent de sa voix, figurer sur la liste qu'il dresse.

Je ferai ce que tu voudras, mon bon et cher André, dit la pauvre jeune femme un peu confuse. Je vois bien maintenant que tu as raison, comme toujours, mais, moi, je ne savais pas, je ne suis pas si instruite que toi et je ne vois pas toujours le mal où il est réellement. J'irai ou plutôt je vais et elle partit sur-le-champ.

André prit le journal, et comme il ne lui restait plus assez de temps pour le lire, il le parcourut des yeux tout en marchant du côté du bois.

De retour au travail, André fut interrogé par tous ses amis qui, comme d'habitude, lui demandèrent ce qu'il y avait dans son journal. (1)

— Il y a, dit-il, toujours des tiraillements là-bas. La démagogie rouge fait des folies et la démagogie blanche n'est pas moins enragée. Ces marquis de la droite nous croient assez bêtes pour ne pas voir leurs tendances à l'ancien régime. S'ils ont tant à

(1) Ceci était écrit avant qu'on put prévoir l'œuvre infâme des scélérats sans nom qui ont tenté d'anéantir Paris.

cœur de ramener ce qu'ils appellent le roi légitime, comme s'il y avait rien de légitime, en dehors du droit et du vœu de tout le monde, c'est apparemment qu'ils veulent reconstituer l'absolutisme monarchique avec tous les priviléges pour eux et avec les corvées et les charges pour nous.

Ils appellent cela défendre la famille, la propriété et la religion. Un nouveau Louis XV, pour l'honneur de la famille et la religion, prendrait pour maîtresse une autre Du Barry, se passerait la fantaisie d'un nouveau Parc-aux-Cerfs et ce serait nous qui, par une liste civile illimitée, paierions les frais d'entretien des lupanars royaux.

Il y a encore ceci : c'est que si dans les sociétés populaires il est fait des motions insensées, d'autre part, dans les églises, on entend des sermons incendiaires. Les prêtres ne comprennent pas qu'en faisant de la religion l'esclave de la politique ils la font descendre de dessus les autels pour la mettre aux pieds d'une caste privilégiée et l'exposent ainsi au choc des bouleversements, tandis qu'elle devrait planer toujours au-dessus des passions, dans une sphère inaccessible, n'accomplissant qu'une mission d'amour.

Un jeune ouvrier qui avait beaucoup voyagé et travaillé dans les pays protestants et qui, ayant vu juifs, catholiques, luthériens se chamailler tout le jour, avait conclu que la meilleuve religion était de n'en pas avoir, interpella André et lui demanda s'il pouvait lui dire à quoi servait la religion.

— Volontiers, répondit celui-ci ; la religion est le lien mystérieux et indissoluble qui unit la créature au créateur. Je ne cherche pas à définir ce qui est indéfinissable, ni à sonder ce qui est insondable ; je ne parle pas du sacerdoce qui étant d'institution humaine peut subir des transformations, des réformes, même une organisation tout opposée ; mais je dis que la religion, c'est-à-dire ce rapport de l'être borné à l'être infini ne doit pas être enlevée à l'homme.

Il y a dans un recoin de l'âme un sentiment qui s'élève vers le Ciel, comme la rosée tombée sur la terre remonte dans l'atmosphère ; c'est que sentiment et rosée tendent à retourner aux régions d'où ils viennent. L'immortalité ne fût-elle qu'une perspective mensongère, qu'une échappée trompeuse ouverte sur le vide, qu'il faudrait encore ne pas étouffer cette croyance sous le poids du matérialisme.

— Permettez-moi, mon jeune ami, continua André, de vous faire une comparaison :

Voici un cachot, éclairé seulement par un jour bas et horizontal, avec un plafond peint en noir, et voici à côté un autre cachot, avec des jours semblables, mais ayant, au lieu d'un plafond noir, une coupole peinte en bleu, parsemée d'étoiles d'or et au milieu de laquelle se détache l'image d'un libérateur qui tend vers vous les bras. Vous n'aurez pas plus de liberté dans l'un que dans l'autre, mais si vous avez le choix, ne prendrez-vous pas celui dont j'ai parlé en dernier lieu ?

Eh bien ! une religion ne fût-elle qu'un trompe-l'œil tendu sur l'univers, il ne faudrait pas encore briser ce ciel, même fictif ; car en coupant l'aile à nos espérances ultra-terrestres, on nous condamne à une éternelle tristesse sur ce globe, on nous rejette au fond d'un gouffre sans horizon, dans le cachot au plafond noir. Mais, je le répète, pour ce qui est du clergé, j'entrevois des réformes qui seront amenées par la force même des événements, et, Dieu merci, je le crois, sans trop de secousses et sans effusion de sang.

Qu'on ne s'imagine pas que ce langage fût trop élevé pour être compris des autres ouvriers, c'est une erreur. Car ils furent émus bien plus qu'ils ne le sont en écoutant certaines prédications, aussi nuageuses que puérilement déclamatoires.

André parla ensuite, non pour s'en vanter mais comme d'un exemple à suivre, de la réponse qu'il avait chargé sa femme de porter au maire, à propos de l'offre que celui-ci était venu lui faire de le présenter comme conseiller, pour remplacer un des démissionnaires.

Les bûcherons approuvèrent sa conduite et sans rien lui en dire, ils se concertèrent au moment de la réfection du soir pour le choisir comme leur candidat. Ils ne s'imaginaient pas comment l'idée d'en faire le représentant de leurs intérêts et de ceux de la commune ne leur était pas venue plus tôt.

Nous savons qu'André Maillard vient d'être en effet élu, et qu'il est l'un des meilleurs et des plus zélés conseillers municipaux de la commune de L....

La journée finie, André revint tout droit à la maison et soupa vite, comme il faisait d'habitude, afin de venir s'asseoir à la porte, sur un banc de bois, en face d'une vaste prairie qui de jour en jour prenait des nuances vertes plus foncées.

A peine y était-il assis que les deux petits garçons accoururent et grimpèrent à la fois chacun sur un de ses genoux. Le père ouvrit les bras, les arrondit en cercle, ce qui compléta par des dossiers les fauteuils improvisés des deux petits. Mais s'ils étaient venus-là, c'était pour entendre un conte de fée ou l'histoire du grand esprit de la forêt qui créait des choses si merveilleuses.

Le père commença et leur dit que le grand esprit de la forêt, c'était le soleil. C'est lui qui, pur et brillant au-dessus de la coupole des chênes, glisse entre les feuilles une pluie de piécettes d'or qui tombent sur les mousses vertes, et il en est si prodigue qu'il en couvre aussi les pauvres habits des travailleurs. Quand vous viendrez au bois avec moi, leur disait-il, vous verrez qu'il vous en jettera aussi sur tous vos vêtements et que vous serez beaux comme de petits princes. Seulement quand un nuage passe sur le soleil, les belles paillettes disparaissent, mais elles reviennent bien vite, aussitôt que le soleil a chassé le vilain nuage.

Et puis, il y a aussi de doux nids d'oiseaux dans les arbres, et dans ces nids des petits qui ont, comme vous, un père et une mère, et qui, frileux, se cachent sous leurs ailes, comme vous faites, vous, dans le grand lit, entre les bras de votre mère.

Et puis, il y a aussi dans la forêt, des lièvres et des renards, des chevreuils et des loups, et une foule d'autres animaux qui se font la guerre entre eux et s'entre-égorgent absolument comme font les hommes. Je ne sais si ce sont les hommes qui ont imité les animaux ou si, au contraire, ce sont ceux-ci qui ont voulu copier l'homme, mais toujours est-il que c'est un carnage qui dure depuis le commencement du monde, et que c'est bien affreux d'entendre les cris des victimes et de les voir à demi-éventrées traîner leurs entrailles le long des clairières. Il faudra, quand vous serez grands, vous bien souvenir que vous devez travailler, produire et non détruire.

Et voyant que les paupières des enfants retombaient plus pesantes et couvraient ces belles perles noires qui étaient leurs yeux, il leur dit encore : Et puis, il y a encore, toujours dans notre grande forêt, une belle fée toute vêtue de blanc, qui porte à la main des pavots et qui va de chaumière en chaumière, de maison en maison, secouer ces pavots au-dessus du visage des travailleurs et des petits enfants, et le sommeil qui est, lui, tout vêtu de rose et qui accompagne la fée tous les soirs, prend les beaux petits enfants et les porte dans leurs couchettes.

Et le père qui n'avait plus sur les genoux que

deux petits dormeurs, les porta à leur mère qui les déshabilla sans qu'ils eussent la force de se réveiller.

André revint encore à son banc pour jouir en liberté des derniers moments de la soirée. Sa jeune femme vint bientôt l'y rejoindre.

— Chaque soir, lui dit-il, je contemple cet immense univers qui roule sur nos têtes des astres si brillants et il me semble que j'admirerais mieux encore toutes ces merveilles si je pouvais les comprendre. Oh! que les savants doivent être heureux! Car, sans doute qu'ils éprouvent des sensations plus profondes, puisqu'ils ont des sens plus exercés. Rose, y penses-tu, si nous pouvions donner une belle instruction à nos deux petits garçons. Dame, écoute bien, M. X..., le propriétaire de la forêt, est le fils de cultivateurs de la Beauce, c'est lui-même qui me l'a dit, car il ne cache à personne son origine, mais il a passé par l'École Polytechnique, puis il a été ingénieur, puis il est allé en Amérique et y a fait sa fortune en entrant dans des associations. Eh bien! moi aussi, je vais gagner plus d'argent puisque ce bon M. X... m'a proposé aujourd'hui même de lui servir de régisseur et qu'il va m'associer pour une part dans les ventes. Oui, j'économiserai; nous nous gênerons même un peu, n'est-ce pas ma bonne Rose, pour que nos enfants aient une instruction complète et entrent aussi à l'École Polytechnique s'ils en sont capables.

— Oui, dit Rose; et moi, lorsqu'ils seront au collége, j'aurai le temps de travailler aussi. Je sais coudre, broder, et j'aurai tant de courage que j'apprendrai à faire autre chose, s'il le faut.

— S'ils allaient devenir riches, comme M. X..., dit André. Dame, qui sait?

— Et, dit Rose, s'ils allaient devenir officiers, colonels, généraux.

— Non, pas cela, fit André; la guerre me fait horreur, et j'espère que, lorsqu'ils seront grands, les états-unis d'Europe seront fondés; ce qui mettra fin sur le continent à cette folie que les hommes appellent la gloire des conquérants.

Mais, dis donc, ma Rose chérie, quand nos enfants seront à l'âge dont nous parlons, nous commencerons déjà à devenir vieux.

— Sans doute, murmura Rose, mais qu'importe.

— Oh! dit André en lui prenant les mains et en l'enveloppant tout entière d'un regard caressant, c'est que je suis si heureux que je voudrais longtemps encore fixer le bonheur près de moi.

La jeune femme lui sourit et répondit à l'étreinte de sa main.

Dix heures sonnaient alors au clocher du village. Le mari et la jeune femme se levèrent, rentrèrent et la porte se ferma. Mais je crois bien qu'ils avaient avec eux enfermé le bonheur dans la maison.

CONCLUSION

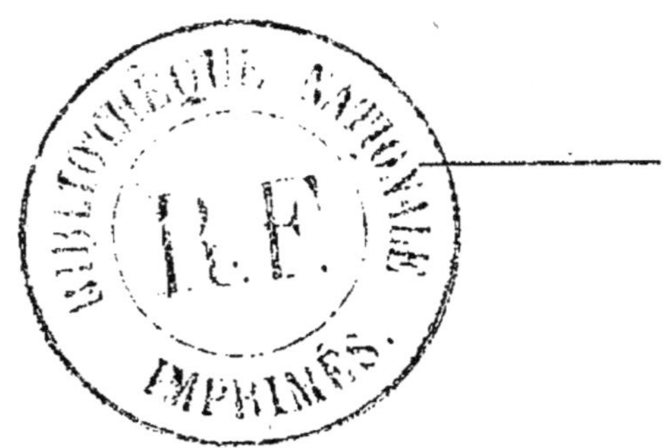

En comparant entre elles la journée du marquis et la journée du prolétaire, lesquelles cependant ne furent marquées par aucun de ces événements étranges et rares qui sont en dehors de la vie commune, on pourra se convaincre qu'il est plein de justesse et de sens ce vieil aphorisme qui dit :

La richesse ne fait pas le bonheur.

ROBERT DUTERTRE.

Chât.-Gontier, imp. Bezier.

CHATEAU-GONTIER, J.-B. BEZIER, IMP.